COMITÉ CENTRAL

DES ARTISTES

FONDÉ LE 10 JUILLET 1848

SÉANT A L'HÔTEL DE VILLE DE PARIS

LE PREMIER ET LE TROISIÈME VENDREDIS DE CHAQUE MOIS

STATUTS CONSTITUTIFS ET RÉGLEMENTAIRES

Suivi de la Liste générale des Membres du Comité

PARIS

TYPOGRAPHIE DE DUBOIS ET ÉDOUARD VERT

RUE NOTRE-DAME-DE-NAZARETH, 29

1860

COMITÉ CENTRAL DES ARTISTES

Fondé le 10 Juillet 1848

STATUTS CONSTITUTIFS ET RÉGLEMENTAIRES

STATUTS CONSTITUTIFS

ARTICLE PREMIER.

Le but du Comité central des artistes est de concourir au progrès des arts et au bien-être des artistes : — par l'examen des questions qui concernent les arts et qui peuvent se rattacher aux intérêts des artistes ; — par la publication de mémoires relatifs aux arts, aux sciences et aux lettres ; — par des soirées littéraires et musicales destinées à produire et à encourager les jeunes talents.

Le Comité s'interdit tout travail étranger aux arts, aux sciences et aux lettres. Il établit entre ses membres un engagement de services mutuels, et facilite à ses membres non résidants leurs relations artistiques avec la capitale.

ART. 2.

Le Comité est composé : 1° de membres *titulaires résidants* à Paris et dans le département de la Seine ;

2° de membres *titulaires correspondants* pris dans les autres départements et les pays étrangers ; 3° de membres honoraires nationaux et étrangers.

Le Comité peut donner aux *Sociétés savantes et artistiques* de la France et de l'étranger le titre de *Sociétés correspondantes.*

Le nombre des membres du Comité central des artistes est illimité.

ART. 3.

Le Comité se divise en huit classes, ainsi qu'il suit :

1re classe, peinture et dessin ;
2e — sculpture, gravure en médailles et en pierres fines ;
3e — architecture ;
4e — gravure et lithographie ;
5e — musique ;
6e — littérature ;
7e — sciences ;
8e — amateurs.

ART. 4.

Les fonctionnaires du Comité sont :
1° Les membres du bureau, savoir :
Un président,
Des vice-présidents,
Un administrateur général,
Un secrétaire général,
Quatre secrétaires-adjoints,
Un archiviste-conservateur du Musée,
Un archiviste-adjoint,
Un trésorier,

Un directeur de la section de musique ;
2° Les membres du conseil d'administration ;
3° Les membres du conseil de rédaction.

Dans les réunions du Comité, les membres du bureau siégent dans l'ordre suivant : — A la droite du président, le premier et le troisième vice-présidents, l'administrateur général et le trésorier ; — à la gauche du président, le deuxième vice-président, le secrétaire général ou le secrétaire-adjoint chargé de le remplacer pour la rédaction du procès-verbal, l'archiviste et le directeur de la musique. Les autres places sont occupées par les secrétaires-adjoints, l'archiviste-adjoint, les membres des conseils d'administration et de rédaction.

Les fonctionnaires du Comité sont nommés à la majorité absolue des membres présents et au scrutin secret. Tous les fonctionnaires sont rééligibles.

ART. 5.

Toute personne qui désire faire partie du Comité central des artistes, à titre de *membre titulaire ou correspondant,* doit remplir les conditions exigées par les articles 28 et 29 du règlement, se présenter sous le patronage de deux membres titulaires, et avoir rempli la feuille du registre matricule qui lui a été adressée.

La nomination des *membres honoraires* a lieu sur la présentation faite par cinq membres. Cette proposition, signée par ses auteurs, doit indiquer les titres du candidat.

Ces demandes ou propositions d'admission sont lues à l'assemblée qui vote au scrutin secret. Le Comité décide, à la majorité absolue des membres présents, l'admission ou l'ajournement du candidat.

ART. 6.

Toute admission est immédiatement notifiée par l'administrateur général, qui indique au candidat le jour où l'on procédera à sa réception.

Il est remis au candidat, aussitôt après son admission, un exemplaire des statuts avec la liste générale des membres.

ART. 7.

Le Comité tient ses séances ordinaires à l'Hôtel de Ville, le premier et le troisième vendredis de chaque mois.

Tous les ans, au 10 juillet, le comité célèbre, dans une fête de famille, l'anniversaire de sa fondation.

Le Comité a, chaque année, au mois de janvier, une séance publique.

ART. 8.

L'année académique du Comité se compte de janvier à janvier.

Le renouvellement des fonctionnaires du Comité a lieu dans la première quinzaine de décembre.

ART. 9.

Le *Comité central des artistes* a un timbre particulier portant son titre, dont l'empreinte est mise sur tout ce qui lui appartient, et un timbre spécial pour être apposé sur tout ce qui émane de lui.

STATUTS RÉGLEMENTAIRES.

Séances ordinaires.

ART. 10.

Chaque membre, en entrant aux séances du Comité, signe une feuille de présence.

La séance est ouverte à sept heures et demie, quel que soit le nombre des membres présents, par la lecture du compte rendu de la séance précédente.

La lecture de ce compte rendu est suivie de celle de la correspondance. Il est procède ensuite, s'il y a lieu, à l'admission des candidats. Enfin, le Comité entend les rapports de ses commissaires et la lecture des mémoires rédigés, soit par l'un de ses membres, soit par des personnes qui auraient adressé des écrits relatifs aux arts, aux sciences et aux lettres.

ART. 11.

Le président du Comité fait observer la police intérieure des séances; il veille au maintien des statuts et à l'exécution des règlements. Il rappelle à l'ordre; néanmoins, ce rappel à l'ordre ne peut être mentionné au procès-verbal qu'après avoir entendu la personne inculpée, si elle le demande. Le président peut même, si le cas l'exige, suspendre ou lever la séance. Tout membre rappelé trois fois à l'ordre dans la même séance ne peut plus prendre la parole dans cette séance.

En l'absence du président, l'un des vice-présidents, par rang d'âge, ou, à son défaut, le doyen d'âge, préside l'assemblée.

ART. 12.

Le président ouvre les séances, propose les sujets de délibération suivant l'ordre du jour, recueille les votes, proclame les résultats des suffrages ; il nomme les députations et les commissions, convoque, au besoin, les séances extraordinaires et signe les délibérations, les diplômes et les autres actes. Il est de droit membre de toutes les commissions.

En cas de décès de l'un des membres du Comité, le président désigne les membres de la députation envoyée au convoi funèbre et auprès de la famille. Le bureau fait de droit partie de cette députation.

Des propositions.

ART. 13.

Toute proposition faite au Comité doit être formulée par écrit et signée de son auteur. Dans le cas où cette proposition serait contraire au règlement, le président consulte le bureau et passe à l'ordre du jour.

Toute proposition produite dans les formes ci-dessus énoncées sera envoyée au conseil d'administration qui devra faire son rapport dans la séance qui suivra la lecture de cette proposition.

Après la lecture d'un rapport, le vote sur ses conclusions peut avoir lieu immédiatement.

ART. 14.

Toutes les fois que l'urgence est demandée pour une proposition lue au Comité, cette demande doit être rédigée par écrit et soumise au vote de l'assemblée qui décide alors, à la majorité des *deux tiers* des membres présents, si l'urgence est déclarée.

Dans le cas où l'urgence est déclarée, la proposition faite au Comité est discutée et votée séance tenante.

ART. 15.

Si, dans une délibération du Comité ou d'une commission, il y a partage, la voix du président est prépondérante.

Dons et envois faits au Comité.

ART. 16.

Lorsqu'il est fait hommage au Comité d'un ouvrage quelconque, le président nomme, s'il y a lieu, un rapporteur spécial pour en rendre compte. L'ouvrage objet d'un rapport ne peut rester plus de deux mois entre les mains du rapporteur.

ART. 17.

Tout manuscrit lu dans une séance du Comité lui appartient, sans préjudice des droits d'auteur.

Cependant, le Comité déclare que les propositions et les opinions consignées dans les ouvrages présentés ou lus à ses séances appartiennent à leurs auteurs qui en sont seuls responsables.

Publications du Comité.

ART. 18.

Les travaux du Comité sont publiés dans la forme reconnue la plus convenable et la plus en rapport avec les ressources de la Société.

Si le Comité adopte un journal, la portion du journal qui lui serait cédée sera sous la direction du conseil de rédaction. La rédaction des publications du Comité ne peut jamais être confiée à une personne étrangère au Comité.

Apuration des comptes.

ART. 19.

Chaque année, avant les élections générales, le conseil d'administration examine les comptes du trésorier; il en fait un rapport au Comité, ainsi que de l'état des archives et de la conservation des objets qui y sont déposés.

Séances publiques.

ART. 20.

Les séances publiques s'ouvrent par le compte rendu des travaux du Comité, rédigé par le secrétaire général ou l'administrateur général ; on y entend la lecture des mémoires ou morceaux spécialement adoptés pour cette séance.

La séance est terminée par un concert organisé par le directeur de la section de musique.

La salle peut être ornée d'œuvres d'art exécutées par les membres du Comité.

Tout ce qui fait partie de la séance publique est soumis préalablement à l'adoption du Comité, qui en décide au scrutin secret et à la majorité absolue des suffrages.

Des commissaires nommés à la majorite relative veillent au maintien de l'ordre de cette séance.

Le public n'y est admis qu'avec des billets d'entrée portant le timbre du Comité. Le nombre des billets est basé sur l'étendue de la salle des séances; ils sont également distribués entre les membres du Comité, déduction faite des envois aux personnes que le Comité juge convenable.

ART. 21.

Pour réaliser l'objet des précédentes dispositions, il est formé, aux approches de la séance publique, une commission chargée d'en coordonner les éléments de faire un choix de morceaux qui doivent être lus et exécutés, d'en préparer le programme et de soumettre le tout à l'adoption du Comité.

Cette commission est formée de droit : 1° des membres du bureau; 2° du conseil d'administration; 3° du conseil de rédaction; 4° du directeur de la section de musique.

Concerts et Auditions.

ART. 22.

Des concerts payant ou par invitation spéciale, en dehors des séances ordinaires, ont lieu toutes les fois que le Comité le décide.

ART. 23.

Tous artistes musiciens, tous littérateurs, membres du Comité ou non, qui désirent se faire entendre à une séance ordinaire du Comité, doivent en faire la demande au président ou à l'administrateur général qui leur donne un numéro d'ordre.

La faveur de se faire entendre dans les concerts donnés par le Comité n'est accordée qu'aux artistes et aux littérateurs qui, après une audition en séance ordinaire, auront obtenu l'assentiment de la majorité des membres.

ART. 24.

Le président du Comité, l'administrateur général et le directeur de la section de musique règlent le programme des concerts et des auditions musicales; ils désignent, d'après l'ordre d'inscription, les artistes musiciens et les littérateurs qui seront entendus, le nombre des morceaux qui seront exécutés et des pièces littéraires qui seront lues ou déclamées.

ART. 25.

Aucun changement ne peut être apporté au programme sans l'assentiment du président ou de l'administrateur général, et, dans tous les cas, le nombre des morceaux à faire entendre ne pourra être porté à un chiffre plus élevé que *dix* pour les concerts, et *six* pour les auditions.

ART. 26.

Chaque musicien ou littérateur n'est entendu qu'à son tour d'inscription, à moins que, de gré à gré, il change son numéro d'ordre avec l'un de ses confrères.

Cotisations et Diplômes.

ART. 27.

La cotisation de *membre résidant* ou *correspondant* est fixée à 12 francs par année, payable d'avance par mois ou par trimestre, à la volonté de chaque membre.

La cotisation est due à dater du mois dans lequel le vote d'admission a eu lieu.

Les *membres honoraires* ne participent point aux charges du Comité ; néanmoins, ils peuvent offrir, à titre d'encouragement, des sommes destinées à faciliter les publications du Comité.

ART. 28.

Le droit de diplôme est fixé à 15 francs ; il est réduit à 5 francs pour les artistes et littérateurs qui donnent un morceau de réception.

Le diplôme et le premier trimestre des cotisations se payent en entrant dans la Société.

ART. 29.

Les présentateurs des candidats sont pécuniairement responsables des conditions du précédent article.

ART. 30.

Le journal, organe de la Société, cesse d'être envoyé à tout membre en retard de six mois de ses cotisations ; il lui sera de nouveau envoyé quand il aura soldé l'arriéré de ses cotisations.

Art. 31.

Tout membre qui devra six mois de ses cotisations, recevra un premier avertissement de l'administrateur général, et un mois plus tard un second, s'il n'a tenu compte du premier.

Si ce membre ne répond point à ce double avertissement, il sera réputé démissionnaire. Néanmoins il redevient membre du Comité en acquittant les sommes dues par lui au moment de la radiation.

Art. 32.

Les dettes de tous genres envers la Société sont assimilées aux cotisations, et soumises aux mêmes conditions relativement à l'envoi du journal et à la radiation définitive.

Art. 33.

Aucun membre démissionnaire ne peut réclamer le remboursement des sommes qu'il a versées.

Art. 34.

Le produit des cotisations, des diplômes et les versements offerts comme encouragement, servent à payer les dépenses du Comité.

Art. 35.

En cas de dissolution du Comité, une commission de cinq membres, nommés en assemblée générale, procédera à la liquidation.

Attributions des fonctionnaires

LE PRÉSIDENT

Art. 36.

Il préside les séances ordinaires et extraordinaires du Comité.

Il préside également les députations du Comité qui sont admises devant les autorités. Les démarches qu'il doit faire, dans l'intérêt du Comité, se font de concert avec deux membres du bureau; et, s'il y a lieu de prononcer un discours, le président est tenu de prendre préalablement l'avis du bureau, ainsi que pour sa correspondance officielle avec les autorités ou les sociétés étrangères non correspondantes du Comité.

Chaque fois qu'il le juge utile, il assiste aux délibérations des conseils d'administration et de rédaction. Dans tous les cas, l'administrateur général lui communique, au préalable, s'il ne les connaît déjà, les questions dont le conseil d'administration doit s'occuper.

LES VICE-PRÉSIDENTS

Art. 37.

Ils remplacent au besoin le président dans ses fonctions; ils sont de plus chargés, par délégation du président, de diriger les travaux artistiques, littéraires et scientifiques, de stimuler les commissions et le zèle des rapporteurs. A défaut de l'un d'eux, le président désigne un membre du comité pour le remplacer provisoirement. Le vice-président, chargé des travaux littéraires, est de droit président du conseil de rédaction.

L'ADMINISTRATEUR GÉNÉRAL

Art. 38.

Il prépare la rédaction des propositions, des questions administratives qu'il soumet aux délibérations du conseil d'administration avant de les présenter à l'appréciation et au vote du Comité. Il réunit, à cet effet, ledit conseil au sein duquel il appelle, au besoin, les membres du bureau.

Il tient une liste générale des membres résidants, des membres correspondants et des membres honoraires du Comité, avec indication des noms, prénoms, professions, domiciles et dates des réceptions.

Une liste des membres cotisants est dressée chaque année, au mois de janvier, et distribuée aux membres du Comité.

L'administrateur général annonce aux candidats leur admission au Comité, leur indique le jour fixé pour leur réception et les formalités qu'ils ont à remplir. Il délivre les diplômes sur présentation d'un reçu du trésorier.

Il ordonnance les mandats de payement des dépenses votées soit par le conseil d'administration, soit par le bureau et le conseil d'administration réunis.

Enfin, il veille à l'exécution des décisions du Comité.

LE SECRÉTAIRE GÉNÉRAL

ART. 39.

Le secrétaire général est chargé spécialement de la rédaction du procès-verbal des séances du Comité et de la correspondance. Il tient un registre des procès-verbaux du Comité.

Il a sous sa dépendance des secrétaires-adjoints pour le remplacer en cas d'absence, et l'aider dans l'expédition des affaires du Comité.

Le secrétaire général et ses adjoints sont chargés de la rédaction et de l'envoi des lettres de convocation, d'invitation, circulaires, etc.

La correspondance officielle du Comité est conservée en minute, sur un registre spécial, dans les archives.

LE TRÉSORIER.

ART. 40.

Le trésorier fait toucher à domicile, tous les trois mois, les cotisations dues par les membres du Comité, et dès que ce recouvrement est terminé, il en fait connaître le résultat à l'administrateur général avec lequel il s'entend pour les mesures à prendre à l'égard des retardataires.

Le trésorier est chargé de toutes les recettes et de tous les payements. Il n'effectue les payements que sur le visa de l'administrateur général, ou, en son absence, d'un membre du conseil d'administration délégué pour le remplacer.

Il paye régulièrement tous les trois mois l'abonnement du Comité au journal choisi comme organe officiel, et tous les six mois les honoraires dûs à l'agent de nos séances.

Toute somme dépassant le chiffre présumé des dépenses ordinaires du Comité sera placée à la caisse d'épargne, et y formera un fonds de réserve.

En tout temps, le trésorier fournit à l'assemblée les renseignements qu'elle peut demander relativement à la gestion.

L'ARCHIVISTE.

ART. 41.

Jusqu'à ce que le Comité soit en possession d'un ocal spécial pour les archives, l'archiviste a le dépôt des mémoires, rapports, ouvrages tant imprimés que manuscrits; des dessins, gravures, planches et généralement de tous les objets qui pourraient être adressés au Comité ou acquis par lui.

Il tient un état exact des objets qui composent ce dépôt, et en donne communication, sans déplacement, à tout membre qui en fait la demande.

Certaines pièces ou lettres ne pourront être communiquées sans une autorisation du président, qui aura pris connaissance de la pièce demandée.

A la fin de chaque séance, après que le secrétaire a pris ses notes pour le procès-verbal, l'archiviste (ou son adjoint) emporte les volumes, les lettres et autres objets destinés aux archives que le secrétaire juge nutiles à la rédaction du compte rendu de la séance.

Il prend toujours un reçu des volumes confiés aux membres chargés d'en faire un rapport.

En exécution de l'article 9, tous les objets formant ce dépôt devront être revêtus du timbre de la Société.

ART. 42.

Pour être fonctionnaire, il faut faire partie du Comité depuis six mois au moins.

CONSEIL D'ADMINISTRATION.

ART. 43.

Le conseil d'administration est composé de six membres au moins. Il est présidé par l'administrateur général, et, en son absence, par le plus âgé des membres présents. Le conseil choisit dans son sein un secrétaire chargé des procès-verbaux et des lettres de convocation.

Le conseil se réunit sur la convocation de l'administrateur général; il examine et fait un rapport sur chaque proposition qui lui est soumise; il se prononce sur les marchés à contracter et surveille l'emploi des fonds du Comité.

Le conseil d'administration est appelé et a voix délibérative dans toutes les réunions du bureau.

Tous les six mois, le conseil apure les comptes du trésorier, qui lui donne connaissance, à toutes réquisitions, de l'état de la caisse.

CONSEIL DE RÉDACTION.

ART. 44.

Le conseil de rédaction est composé de six membres au moins, auxquels sont adjoints de droit l'archiviste et l'administrateur général.

Le conseil est présidé par le vice-président chargé des travaux littéraires. Le secrétaire rédige les procès-verbaux et convoque les réunions du conseil.

Le conseil de rédaction examine les mémoires et autres pièces destinés à être imprimés. L'auteur du manuscrit assiste à la séance, entend les observations et se prononce sur les changements qui lui sont proposés.

L'auteur est chargé d'aller porter son manuscrit à l'imprimerie, et de corriger les épreuves.

Modification des statuts.

ART. 45.

Toute proposition qui aurait pour effet de modifier les statuts et règlements du Comité central des artistes ne pourra être lue à l'assemblée que revêtue de la signature de son auteur, et de celles de sept membres faisant partie du Comité depuis au moins une année.

ART. 46.

Cette proposition sera de suite et sans discussion, renvoyée à une commission composée du bureau et du conseil d'administration.

ART. 47.

La commission déclarera, dans un rapport motivé, si cette proposition doit être prise en considération.

ART. 48.

Si la commission décide que la proposition peut être mise en délibération, la discussion ne pourra s'ouvrir que dans la séance qui suivra cette déclaration.

L'urgence ne peut être demandée sur les propositions relatives aux statuts du Comité.

ART. 49.

Si, dans le cours d'une discussion étrangère aux statuts, il se glissait une proposition qui parût tendre à les modifier, l'auteur devra être rappelé au règlement et invité à se conformer à l'article 45.

ART. 50 ET DERNIER.

Toute proposition qui, ayant subi les précédentes épreuves, aura été adoptée après la discussion par un vote de l'assemblée, prendra place dans les statuts constitutifs et réglementaires du Comité, et sera comme eux exécutoire.

Pour copie conforme :

L'administrateur général, — *Le président*,

LOUIS AUVRAY. — PAUL CHAREAU.

COMITÉ CENTRAL DES ARTISTES

LISTE GÉNÉRALE DES MEMBRES

Depuis la fondation de la Société (10 Juillet 1848)
jusqu'au 31 Décembre 1859.

PREMIÈRE CLASSE.

PEINTURE ET DESSIN.

Abel de Pujol, membre de l'Institut, O. ✻	reçu le 27 novembre 1848.
Arteweck, dessinateur.	» 9 avril 1852.
Basset (Louis)	» 3 décembre 1852.
Baumes (Amédée).	» 31 juillet 1848.
Béchard (Antoine-Hyppolite) .	» 17 juillet 1857.
Bergeret (Pierre)	» 23 octobre 1848.
Bevalet	» 3 décembre 1852.
† Bin	» 26 février 1849.
Bonchet (Auguste).	» 18 mars 1859.
Bourgeois (Paul)	» 23 octobre 1848.
† Bourguignon, dit Laguiche .	» 25 juin 1849.
Bourlet de la Vallée (Mme). . .	» 3 décembre 1852.
† Bouton (Charles)	Fondateur.
Carré, dessinateur	» 9 avril 1852.
Cartier (Emile)	» 23 octobre 1848.
Chabal-Dussurget	» 9 avril 1852.
Clavier (Etienne)	» 7 mai 1849.
Clément (Mme Félix).	» 18 février 1859.

Clerget (Charles), dessinateur.	reçu le	18 octobre 1851.
Colin (Alexandre).	»	2 octobre 1848.
Couder (Amédé) ✻, dessinat[r]	»	9 avril 1852.
Delalleau (Ernest).	»	19 novembre 1858.
Darjou (Victor)	»	4 mai 1855.
Delaroche (Victor), dessinateur	»	19 février 1853.
Denizard (Charles)	»	3 décembre 1852.
Desvaux (Auguste)		Fondateur.
Diéterle (Jules) ✻.	»	9 avril 1852.
† Domatre (Auguste).	»	22 janvier 1849.
† Droling, memb. de l'Inst. ✻.	»	2 octobre 1848.
Dumoulin (Eugène).	»	3 décembre 1852.
Dussauce (Auguste), ✻		id.
Duvaux (Jules)		Fondateur.
Fontenay (Louis de).		Fondateur.
Frère (Edouard).	»	30 octobre 1848.
Galimard (Auguste).		Fondateur.
† Gamen-Dupasquier	»	26 février 1849.
† Garneray (Louis) ✻. . . .	»	6 novembre 1848.
† Garneray (Hyppolite). . . .	»	2 octobre 1848.
Gastine (Camille)	»	29 janvier 1849.
Gauthey (Victor-Auguste). . .	»	19 décembre 185[illegible]
Guersant (Mlle)	»	4 septembre 1848.
† Hagnauer.	»	21 janvier 1853.
Hautier (Mlle Eugénie)	»	6 novembre 1848.
Henry (Hyppolite).	»	9 avril 1852.
Holfeld (Dominique)	»	18 septembre 1848.
Huber (Edouard)	»	23 octobre 1848.
Hurten (Charles)	»	19 septembre 185[illegible]
Jobbé-Duval (Félix).	»	30 octobre 1848.
Jonquières (de)	»	23 octobre 1848.
† Jourdy (Paul).	»	15 octobre 1849.
Journet (Mlle Elise)	»	31 juillet 1848.
Justus (Paul)	»	27 novembre 1848.
Kürten (Antoine)	»	20 avril 1855.
† Lacroix (Pierre).		Fondateur.

Laimé (Faustin)	reçu le	18 janvier 1850.
Lazerges (Hyppolite)	»	27 novembre 1848.
Lefebvre (Charles)	»	2 octobre 1848.
† Legenisel (Eugène)	»	3 octobre 1851.
Léger-Cherelle.	»	6 novembre 1848.
Lehmann (Henri) ✻.	»	30 octobre 1848.
Lehmann (Rodolphe)	»	23 octobre 1848.
Lenoir (Alexandre-Joseph) . .	»	1er octobre 1858.
Lescuyer (Mlle Léonie)	»	15 mars 1850.
Minet (Nicolas), dessinateur .		Fondateur.
Muratori (Fréd.), dessinateur .	»	1er octobre 1858.
† Orgebin (Alfred)	»	23 octobre 1848.
Pastier.	»	17 novembre 1851.
Pellenc (Eugène)	»	16 octobre 1848.
Penon, dessinateur	»	7 janvier 1859.
Philippe (Désiré)	»	4 septembre 1848.
Planson (Joseph).	»	23 octobre 1848.
Poterley, essinateur	»	9 avril 1852.
Racinet (Charles-Auguste). . .	»	6 février 1857.
Racinet (Albert-Charles-Aug.)		» » »
Raverai (Vincent)	»	7 août 1848.
Reignier (Jean)	»	9 avril 1852.
† Renard Edouard) dessinatr.	»	15 octobre 1852.
Rey (Arthur)	»	18 septembre 1848.
Rey ((Chares)	»	23 octobre 1858.
Rey (Louis)	»	19 février 1853.
Richardot	»	15 octobre 1849.
Stécher (Charles)	»	19 décembre 1856.
† Thévenin		Fondateur.
Thierrée (Eugène)	»	6 novembre 1848.
Valadon (Jules-Emmanuel) . .	»	17 juillet 1857.
Vibert (Auguste)	»	4 septembre 1848.
Viger-Duvignau	»	30 octobre 1848.
† Ziégler (Claude) ✻	»	18 septembre 1848.

DEUXIÈME CLASSE.

SCULPTURE, — GRAVURE EN MÉDAILLES ET EN PIERRES FINES.

Auvray (Louis)	reçu le	3 mars 1854.
Barbet.	»	9 avril 1852.
Calmels (Anatole)		Fondateur.
Combettes.	»	9 avril 1852.
Compagnon (François), ciseleur.	»	7 janvier 1853
Daillion (Charles)	»	5 mars 1849.
† David (d'Angers), membre de l'Institut, O. ✵	»	4 septembre 1848.
Dieudonné (Jacques-Augustin)	»	27 août 1848.
Falconnier (Léon).	»	1er novembre 1851.
† Feuchères (Jean-Jacques), ✵	»	9 avril 1852.
Flusin (Charles-Eugène) . . .	»	5 juin 1857.
Fourdinois, sculpt. sur bois ✵	»	21 janvier 1853.
Fossey (Jules), sculpteur sur bois.	»	9 avril 1852.
Frisson (Barthélemy)	»	17 juillet 1857.
† Gayrard (Raymond) ✵. . .	»	30 octobre 1848.
Godin (Auguste), sculpteur sur bois.	»	17 avril 1857.
† Guersant (Pierre)		Fondateur.
Hiron (Antoine).	»	6 février 1857.
† Huguenin (Victor)	»	23 octobre 1848.
Klagmann (Jules) ✵	»	9 avril 1852.
Knecht (Emile)	»	9 avril 1852.
La Brière (Edouard)	»	19 avril 1850.
Lahaye (Ernest-Auguste) . . .	»	16 janvier 1857.
Liénard, sculpteur sur bois ✵	»	9 avril 1852.
Paillard (Victor), ✵.	»	9 avril 1852.

Paulmier	reçu le	9 avril 1852.
Piat (Eug.) sculpteur sur bois.	»	21 décembre 1855.
† Renoir (Alexandre)	»	26 février 1849.
Salmson (Jean-Baptiste)	»	17 septembre 1849.
Thomas (Emile)	»	3 octobre 1853.
Trouillard (Gustave)	»	19 août 1853.
Walcher		Fondateur.
Walcher (Adolphe)	»	21 juillet 1855.

TROISIÈME CLASSE.

ARCHITECTURE.

Bouchet	reçu le	27 août 1848.
† Bourla		Fondateur.
Daly (César)	»	23 septembre 1848.
Gallois	»	12 février 1849.
Hurey (Alfred-François)	»	21 août 1857.
Langlois	»	27 novembre 1848.
Lucas (Charles) fils	»	20 novembre 1857.
Magne		Fondateur.
Marcellin	»	6 août 1852.
Musseau (Amédée)	»	20 mai 1859.
Pigeory	»	9 avril 1852.
Stécher (Xavier)	»	19 décembre 1856.
Toussaint	»	24 juillet 1848.
† Visconti, membre de l'Institut, O. ✻		Fondateur.

QUATRIÈME CLASSE.

GRAVURE ET LITHOGRAPHIE.

Brévière (Louis), graveur sur bois	reçu le	5 novembre 1852.
Collier, graveur	»	18 mars 1853.

† Gelée, graveur.		Fondateur.
Gérard (Alphonse), graveur sur bois.	reçu le	18 janvier 1850.
Goësin (Jean-Eugène), graveur sur métaux	»	20 août 1852.
Guilletat (Alph.), lithographe.	»	19 janvier 1855.
Lesestre, graveur	»	21 janvier 1853.
† Masquelier (Claude).		Fondateur.
Mandouce, lithographe	»	25 septembre 1848.
Pannier, graveur	»	2 octobre 1848.
Perrugini	»	2 octobre 1848.
† Pourvoyeur (Jean-Baptiste)	»	31 juillet 1848.
Riester (Martin).	»	9 avril 1852.
Rose (Jules).	»	30 octobre 1848.
Schaal (Louis).	»	3 décembre 1852.
Schrœder	»	16 octobre 1848.

CINQUIÈME CLASSE.

MUSIQUE.

† Adam (Adolphe) membre de l'Institut, O. ✻.	reçu le	13 novembre 1848.
Alonzo. . , ...	»	15 octobre 1849.
Andrès (Henri-Georges)	»	5 juin 1857.
Anschütz (Albert-Jacques). . .	»	6 novembre 1857.
Auber (Daniel-François-Esprit) membre de l'Institut, C. ✻.	»	7 août 1857.
Barré (Armand).	»	3 juillet 1857.
Becquié de Peyreville	»	14 juillet 1848.
Berlioz (Hector), membre de l'Institut ✻.	»	6 novembre 1857.
Bernard (Mlle Clémentine) . .	»	19 septembre 1856.
Biloir (Joseph)	»	7 septembre 1855.
Buisson (Joseph-Adolphe). . .	»	18 novembre 1859.

Caraffa de Colobrano, membre de l'Institut, O. ✻	reçu le 6 novembre 1857.
Castegnier (Armand)	» 8 janvier 1858.
Chol (Edouard)	» 15 mai 1857.
Codelaghi	» 3 décembre 1852.
Cuoci (Ernest)	» 31 juillet 1848.
Dahmen (Bernard)	» 1er mai 1857.
Destribaud (Paul)	» 16 avril 1858.
Diemer (Louis)	» 15 mai 1857.
Douay (René)	» 17 octobre 1856.
† Duflot-Maillard (Mme)	» 19 septembre 1856.
Ermel	» 14 août 1848.
Falanpin	» 16 juillet 1849.
Gidde (Casimir)	» 11 décembre 1848.
Gilbert-Vergnon	» 3 décembre 1852.
Grué (Paul-Napoléon)	» 16 octobre 1857.
Guillot (Jeseph-Amédée)	» 2 juillet 1858.
Guiraud (Ernest)	» 21 août 1857.
Guyot de Fère (Mme)	» 7 août 1848.
Halévy (Fromental), membre de l'Institut, O. ✻	» 6 novembre 1857.
Kontsky (de)	Fondateur.
Kontsky (Charles de)	» 7 août 1848.
Laget (Henri), professeur au Conservatoire impérial	» 2 juillet 1858.
Lambert (Lucien)	» 17 décembre 1858.
Lanux (Marc de)	» 7 novembre 1856.
Lebeau-d'Aubel (Henri-Aug.)	» 16 octobre 1857.
Lecarpentier (Léon)	» 1er février 1850.
† Lefèvre (Léon-Antoine)	» 16 avril 1858.
Lévêque (Emile)	» 18 février 1859.
Lucci-Sièvers (Mme Antoinette)	» 17 juin 1859.
Magnin (Emile-Théodore)	» 6 novembre 1857.
† Manera	» 14 août 1848.
Marthieu (Charles)	» 3 juillet 1857.
Montaubry (Edouard)	» 31 juillet 1848.

Neustedt (Charles-Frédéric). . reçu le 16 avril 1858.
† Onslow, memb. de l'Inst. ✻ » 14 août 1848.
Panseron (Auguste). . . . . . » 14 août 1848.
Pellereau (Gustave). . . . . . » 1er avril 1859.
Petitjean (Mlle Berthe-Marie). » 2 juillet 1848.
Popon (Mme Zoé) . . . . » 21 octobre 1859.
Proust (Mlle Mélanie) . . . . . » 3 juillet 1859.
Reber (Henri), membre de l'Institut, O. ✻. . . . . . . » 6 novembre 1857.
Rosa-Boggia de Ruda (Mme). . » 7 janvier 1859.
Thomas (Ambroise), membre de l'Institut, O. ✻ . . . . . » 6 novembre 1857.
Thys. . . . . » 25 septembre 1848.
Tranche de Lahausse (Félix) . » 5 mars 1858.
Tranche de Lahausse (Mme E.). » 5 mars 1858.
Triebert. . . . . » 21 août 1848.
Tuelle (Mlle Joséphine) . . . . » 4 septembre 1848.
Vannier (Hyppolite). . . . . . » 5 novembre 1858.
Warot (Victor) . . . . » 7 mai 1858.
White (Joseph) . . . . » 16 octobre 1857.
Wroblewski (Emile). . . . . . » 19 novembre 1858.

SIXIÈME CLASSE.

LITTÉRATURE.

Beaufils (Louis-Jacques-Marie) reçu le 4 mars 1859.
Belller de La Chavignerie (E.). » 5 avril 1852.
Blanc (Edouard) . . . . » 16 avril 1858.
Bonjean (Joseph) . . . . » 18 octobre 1850.
Bonnefons (Georges) . . . . . » 26 février 1849.
Bouhier de l'Ecluse. . . . . . » 30 octobre 1848.
Bouniol (Bathilde) . . . . . . » 3 décembre 1852.
Bourseul (Charles) . . . . . . » 18 juin 1849.
Carlier (Antoine) . . . . » 15 juin 1855.

Chareau (Henri).	Reçu le 6 novembre 1857.
Chareau (Ludovic).	» 18 mai 1855.
Chareau (Paul)	» 2 décembre 1854.
Charpin (Eugène).	» 16 octobre 1857.
Chaumier (Siméon)	» 20 août 1852.
Collavecchia (César).	» 5 novembre 1858.
Cros (Antoine).	» 16 octobre 1857.
Damaschino (Nicolas)	» 4 février 1859.
Dandalle (Arthur).	» 1er juillet 1853.
Denecourt.	» 21 mai 1852.
Delaunay (Georges-Emile) . .	» 1er février 1850.
Delaunay (H.).	» 1er février 1849
Desolme (Charles).	» 20 mars 1857.
Des Essarts (Alfred).	» 16 janvier 1849.
Dorlanges (Jules)	» 12 septembre 1855.
Douay (Amédée)	» 3 octobre 1856.
Douay (Edmond)	» 19 février 1858.
Faiex (Pierre-Paul-Remy) . .	» 3 avril 1857.
Fizelière (Albert de la). . . .	» 14 mai 1849.
Fourqueré (Théodore de) . . .	» 12 mars 1849.
Glycys.	Fondateur.
Guyot de Fère.	Fondateur.
Jubinal (Achille) ✻.	» 17 décembre 1852.
Judicis.	» 23 avril 1849.
Laffiteau (Pierre)	» 7 mai 1858.
Lagarrique (Fernand).	» 18 mars 1853.
Landelle (De La)	» 1er octobre 1858.
Lebrun, ✻	» 11 septembre 1843
Lebaube (Jules)	» 19 février 1858.
Loudun (Eugène)	» 17 décembre 1849.
Lucy (de)	» 21 août 1848.
Monginot (Henri-Alphonse) . .	» 7 août 1857.
Moultat (Louis-Marie-Joseph).	» 20 août 1858.
Nugues (Alfred)	» 16 janvier 1849.
Pauly (Alphonse)	» 19 septembre 1856.
Paz (Eugène)	» 21 octobre 1859.
Poncet (Gilbert-Pierre)	» 18 décembre 1857.

Ponchard (Eugène) . . . . reçu le 15 février 1856.
Périlhou. . . . . » 19 mars 1858.
Roblin (Auguste) . . . . » 18 juin 1858.
Roussy (Victor) . . . . » 16 mars 1853.
Savard (Louis-Félix) . . . . . » 2 juillet 1858.
Tanouarn (Alfred de) . . . . . » 5 janvier 1855.
† Tenac (Van) ✻ . . . . . . » 4 janvier 1850.
Valat (Jacques-Pierre). . . . . » 6 juin 1856.
Véry (Paul) . . . . » 21 août 1848.
Wilhem (Henri) . . . . » 21 janvier 1853.
Wornum . . . . » 3 juin 1853.

SEPTIÈME CLASSE

SCIENCES.

Chevalier (Auguste). . . . . . » 28 octobre 1848.
Grados, ingénieur civil . . . . » 1er mars 1850.
† Dumont (Aristide), membre de l'Institut, ✻. . . . . . . » 23 août 1848
Hulot (A.), ✻, Dr de la fabric. des timb.-post. à la Monnaie » 9 avril 1852.
Lasteyrie (Ferdinand de), archéologue ✻. . . . . » 25 décembre 1848.
Lescuyer, ancien officier de marine ✻ . . . . » 29 avril 1851.
Malzieux (Auguste), mouleur archéologue. . , . . . , . . . » 15 mai 1857.
Saugrin, photographe. . . . . » 15 mai 1855.
Valat (Alphonse), ingénr civil » 21 mai 1858.
Zier (Alex.), galvanoplaste. . » 18 avril 1856.

HUITIÈME CLASSE.

AMATEURS.

Benel (Joseph) ✻ . . . . reçu le 5 novembre 1858.
Bourlet de la Vallée. . . . . . » 7 janvier 1853.
Branger. . . . . » 21 janvier 1853.
Brossère (Victor) . . . . » 18 novembre 1859.
Brusard (A. de) . . . . » 12 mars 1849.

Champtenay (De)	reçu le	17 décembre 1849.
† Chareau (Mme Paul)	»	21 mai 1858.
Dantelme	»	21 mai 1858.
Delcourt.	»	3 juillet 1857.
Delisle.	»	11 septembre 1848.
Deschamps (Léonard).	»	3 juillet 1859.
François (Louis).	»	21 octobre 1859.
Gallé (Julien)	»	3 décembre 1858.
Gallien	»	21 mai 1858.
Géraud (Antoine)	»	21 mai 1858.
Gondon	»	9 avril 1852.
Herbault	»	21 mai 1858.
Hugues (Wilhem).	»	9 juillet 1849.
Journault (Auguste).	»	9 avril 1852.
Ladevèze	»	11 septembre 1848.
Letellier.	»	3 septembre 1858.
Lopez (Moïse)	»	4 juin 1858.
† Marcille (De)	»	4 septembre 1848.
Mareschal (Jules)	»	2 octobre 1848.
Marion	»	29 septembre 1848.
Millaud (Alphonse)	»	21 mai 1858.
Millaud (Gustave)	»	4 juin 1858.
Minet (Mlle Aglaé).	»	19 septembre 1856.
Minet (Mlle Pauline).	»	19 septembre 1856.
Paz (Alfred)	»	21 mai 1858.
Prou (Alfred)	»	13 novembre 1848.
Sabatier (Henri-Eugène) . . .	»	6 mai 1859.
Saint-Hermine (comte de) . .	»	9 avril 1852.
Sanepart	»	27 août 1848.
Simon (Ernest)	»	18 novembre 1859.
Thévenin (Mme veuve).	»	18 janvier 1850.
Trouillebert	»	9 avril 1849.
Valat (Mme)	»	21 mai 1858.
Varange (Baron F. de)	»	11 septembre 1848.
Verbist (Guillaume).	»	16 avril 1858.
Verbist (Mme)	»	21 mai 1858.
Wolff	»	21 mai 1858.

Paris. — Typographie de DUBOIS et ÉDOUARD VERT.

BIBLIOTHEQUE NATIONALE DE FRANCE
3 7531 01328542 5

www.ingramcontent.com/pod-product-compliance
Ingram Content Group UK Ltd.
Pitfield, Milton Keynes, MK11 3LW, UK
UKHW021117230726
13926UKWH00002B/528